48

Lb ~~2075~~
2971

PRÉDICTION DE CAZOTTE,

FAITE EN 1788,

ET RAPPORTÉE PAR LA HARPE,

SUIVIE DE NOTES

Sur MM. Cazotte, La Harpe, Chamfort, Condorcet, Vicq-d'Azyr, de Nicolai, Bailly, de Malesherbes, défenseur de Louis XVI, et madame la duchesse de Grammont;

AVEC QUELQUES RÉFLEXIONS GÉNÉRALES.

A PARIS,
CHEZ TOUS LES MARCHANDS DE NOUVEAUTÉS;
ET A MONTPELLIER,
CHEZ Aug. SEGUIN, LIBRAIRE, PLACE NEUVE.
Mars 1817.

PRÉDICTION
DE CAZOTTE.

~~~~~~~~~~~~~~~~~

Il me semble que c'était hier, et c'était cependant au commencement de 1788. Nous étions à table chez un de nos confrères à l'académie, grand seigneur et homme d'esprit. La compagnie était nombreuse et de tout état ; gens de cour, gens de robe, gens de lettres, académiciens, etc. ; on avait fait grande chère comme de coutume. Au dessert, les vins de Malvoisie et de Constance ajoutaient à la gaîté de bonne compagnie cette sorte de liberté qui n'en gardait pas toujours le ton. On en était alors venu, dans le monde, au point où tout est permis pour faire rire. Chamfort nous avait lu de ses contes impies et libertins, et les grandes dames avaient écouté, sans avoir même recours à l'éventail. De-là, un déluge de plaisanteries sur la religion; l'un citait une tirade de la Pucelle, l'autre rappelait les vers *philosophiques* de Diderot :

> Et des boyaux du dernier Prêtre,
> Serrez le cou du dernier Roi.

et d'applaudir. Un troisième se lève, et, tenant son verre plein : *Oui, Messieurs*, (s'écrie-t-il), *je suis aussi sûr qu'il n'y a pas de Dieu que je suis sûr qu'Homère est un sot*; et, en effet, il était sûr de l'un comme de l'autre; et l'on avait parlé d'Homère et de Dieu, et il y avait des convives qui avaient dit du bien de l'un et de l'autre. La conversation peu à peu devient plus sérieuse : on se répand en admiration sur la révolution qu'avait faite Voltaire, et l'on convient que c'est là le premier titre de sa gloire. « Il a donné le ton à son siècle, et s'est fait lire dans l'antichambre comme dans le salon. » Un des convives nous raconta, en pouffant de rire, que son coiffeur lui avait dit, tout en le poudrant : « *Voyez-vous, Monsieur, quoique je ne sois qu'un misérable carabin, je n'ai pas plus de religion qu'un autre.* » On conclut que *la révolution* ne tardera pas à se consommer, qu'il faut absolument *que la superstition et le fanatisme fassent place à la philosophie*, et l'on en est à calculer la probabilité de l'époque, et quels seront ceux de la société qui verront *le règne de la raison*. Les plus vieux se plaignaient de ne pouvoir s'en flatter ; les jeunes se réjouissaient d'en avoir une espérance très-vraisemblable, et l'on félicitait surtout l'académie d'avoir *préparé le grand œuvre* et d'avoir été le chef-lieu, le centre, le mobile de la *liberté de penser*.

Un seul des convives n'avait point pris de part à toute la joie de cette conversation, et avait même laissé tomber tout doucement quelques plaisanteries sur notre bel enthousiasme. C'était Cazotte, homme aimable et original, mais malheureusement infatué des rêveries des illuminés. Il prend la parole ; et, du ton le plus sérieux : « Messieurs, dit-il, soyez satisfaits, vous verrez tous cette *grande et sublime révolution* que vous désirez tant. Vous savez que je suis un peu prophète ; je vous le répète, vous la verrez. » On lui répond par le refrain connu, *faut pas être grand sorcier pour ça.* --- Soit, mais peut être faut-il l'être un peu plus pour ce qui me reste à vous dire. Savez-vous ce qui arrivera de cette *révolution*, ce qui en arrivera pour vous, tous tant que vous êtes ici, et ce qui en sera la suite immédiate, l'effet bien prouvé, la conséquence bien reconnue ? --- Ah ! voyons (dit Condorcet, avec son air et son rire sournois et niais), *un philosophe* n'est pas fâché de rencontrer un prophète. --- Vous, M. de Condorcet, vous expirerez étendu sur le pavé d'un cachot; vous mourrez du poison que vous aurez pris pour vous dérober au bourreau, du poison que *le bonheur* de ce temps-là vous forcera de porter toujours sur vous.

Grand étonnement d'abord; mais on se rappelle que le bon Cazotte est sujet à rêver tout éveillé, et l'on rit de plus belle. M. Cazotte, le conte que vous nous faites ici n'est pas si plaisant que votre *Diable amoureux* (1). Mais, quel diable vous a mis dans la tête ce *Cachot*, ce *poison*, et ces *bourreaux*? Qu'est-ce que tout cela peut avoir de commun avec la *philosophie* et le *règne de la raison?* --- C'est précisément ce que je vous dis; c'est au nom de *la philosophie*, *de l'humanité*, *de la liberté*; c'est sous le *règne de la raison* qu'il vous arrivera de finir ainsi, et ce sera bien le *règne de la raison*, car alors elle aura des *temples*, et même il n'y aura plus, dans toute la France, en ce temps-là, que des *temples de la raison*. --- Par ma foi (dit Chamfort, avec le sourire du sarcasme), vous ne serez pas un des prêtres de ce temps-là. -- Je l'espère; mais vous, M. Chamfort, qui en serez un et très-digne de l'être, vous vous couperez les veines de vingt-deux coups de rasoir, et pourtant vous n'en mourrez que quelques

(1) Roman de Cazotte.

mois après. On se regarde, et on rit encore. --Vous, M. Vicq-d'Azyr, vous ne vous ouvrirez pas les veines vous-même, mais après, vous les ferez ouvrir six fois dans un jour, au milieu d'un accès de goutte, pour être plus sûr de votre fait, et vous mourrez dans la nuit. Vous, M. de Nicolaï, vous mourrez sur l'échafaud; vous, M. Bailly, sur l'échafaud; vous, M. de Malesherbes, sur l'échafaud..... --- Ah! Dieu soit béni, (dit Roucher), il paraît que M. n'en veut qu'à l'académie; il vient d'en faire une terrible exécution; et moi grâces au ciel!-- Vous! vous mourrez aussi sur l'échafaud.--Oh! c'est une gageure (s'écrie-t-on de toute part), il a juré de tout exterminer.--Non, ce n'est pas moi qui l'ai juré. --- Mais nous serons donc subjugnés par les Turcs et les Tartares? Encore... -- Point du tout; je vous l'ai dit, vous serez alors gouvernés par la seule *philosophie*, par la seule *raison*. Ceux qui vous traiteront ainsi seront tous des *philosophes*, auront à tout moment dans la bouche les mêmes phrases que vous débitez depuis une heure, répéteront toutes vos maximes, citeront tout comme vous, les vers de Diderot et de la Pucelle. On se disait à l'oreille: Vous voyez bien qu'il est fou (car il gardait le plus grand sérieux). Est-ce que vous ne voyez pas qu'il plaisante; et vous savez qu'il entre toujours du merveilleux dans ses plaisanteries. --- Oui, répondit Chamfort, mais son merveilleux n'est pas gai, il est trop patibulaire; et quand tout cela arrivera-t-il? --- Six ans ne se passeront pas que tout ce que je vous dis ne soit accompli.

--- Voilà bien des miracles! (et cette fois c'était moi qui parlais), et vous ne m'y mettez pour rien. --- Vous y serez pour un miracle tout au moins aussi extraordinaire; vous serez alors chrétien.

Grandes exclamations. --- Ah! (reprit Chamfort), je suis rassuré; si nous ne devons périr que quand La Harpe sera chrétien, nous sommes immortels.

--- Pour ça, (dit alors Madame la duchesse de Grammont), nous sommes bien heureuses, nous autres femmes, de n'être pour rien dans les *révolutions*. Quand je dis pour rien, ce n'est pas que nous ne nous en mêlions toujours un peu, mais il est reçu qu'on ne s'en prend pas à nous, et notre sexe... --- Votre sexe, Mesdames, ne vous en défendra pas cette fois, et vous aurez beau ne vous mêler de rien, vous serez traitées tout comme les hommes, sans aucune différence quelconque. --- Mais qu'est-ce que vous dites donc là, M. Cazotte? c'est la fin du monde que vous nous prêchez. --- Je n'en sais rien ; mais ce que je sais, c'est que vous, Madame la duchesse, vous serez conduite à l'échafaud, vous et beaucoup d'autres dames avec vous dans la charrette et les mains liées derrière le dos. --- Ah ! j'espère que dans ce cas-là j'aurai du moins un carosse drapé de noir. --- Non, madame ; de plus grandes dames que vous iront comme vous en charrette et les mains liées comme vous. --- De plus grandes dames ! quoi ! les princesses du sang ? --- De plus grandes dames encore... Ici, un mouvement très-sensible dans toute la compagnie, et la figure du maître se rembrunit. On commençait à trouver que la plaisanterie était forte. Madame de Grammont, pour dissiper le nuage, n'insista pas sur cette dernière réponse, et se contenta de dire, du ton le plus léger : *Vous verrez qu'il ne me laissera seulement pas un confesseur.* --- Non, madame, vous n'en aurez pas, ni vous, ni personne ; le dernier supplicié qui en aura un par grâce, sera.....

Il s'arrêta un moment. --- Eh bien ! quel est donc l'heureux mortel qui aura cette prérogative ? --- C'est la seule qui lui restera ; et ce sera le Roi de France.

Le maître de la maison se leva brusquement, et tout le monde avec lui. Il alla vers M. Cazotte, et lui dit avec un ton pénétré : « Mon cher M.

Cazotte, c'est assez faire durer cette facétie lugubre ; vous la poussez trop loin, et jusqu'à compromettre la société où vous êtes et vous-même. » Cazotte ne répondit rien et se disposait à se retirer, quand Madame de Grammont, qui voulait toujours éviter le sérieux et ramener la gaîté, s'avança vers lui. « Monsieur le prophète, qui nous dites à tous notre bonne aventure, vous ne nous dites rien de la vôtre. » Il fut quelque temps en silence et les yeux baissés. --- Madame, avez-vous lu le Siége de Jérusalem, dans Josephe? --- Oh ! sans doute, qu'est-ce qui n'a pas lu ça ? mais faites comme si je ne l'avais pas lu. --- Eh bien ! madame, pendant ce siége, un homme fit sept jours de suite le tour des remparts, à la vue des assiégeants et des assiégés, criant d'une voix sinistre et tonnante : *Malheur à Jérusalem!* et le septième jour il cria : *Malheur à Jérusalem! malheur à moi-même!* et dans le moment, une pierre énorme lancée par les machines ennemies, l'atteignit et le mit pièces.

Après cette réponse, M. Cazotte fit sa révérence et sortit.

NOTES.

CAZOTTE (~~Jean~~ Jacques), homme de lettres, celui qui a fait la prédiction rapportée par La Harpe. Condamné à mort pour avoir cherché à faciliter au Roi des moyens d'évasion, il fut guillotiné à Paris, en septembre 1792, âgé de 74 ans, après avoir échappé au massacre des prisons, par le courage héroïque de sa fille. Il marcha au supplice la sérénité peinte sur le visage, et lorsqu'il aperçut l'échafaud, le sourire de l'innocence vint se placer sur ses lèvres.

LAHARPE (JEAN-FRANÇOIS DE), de l'Académie française, né à Paris, le 20 décembre 1739. Voltaire l'appelait *son élève*. Célèbre par plusieurs ouvrages qui respirent le goût de la bonne littérature, il eût le malheur, à l'exemple de *son maître*, de se faire le propagateur des principes dangereux du dix-huitième siècle, qui n'avaient de philosophiques que le nom. La saine philosophie est l'étude de la sagesse, elle s'éclaire au flambeau de la Religion ; elle étudie les vieilles mœurs pour les épurer, et les hommes pour les rendre meilleurs. Le philosophisme voltairien voulut détruire tout ce qui existait pour créer un monde nouveau. Les vieilles mœurs tournées en ridicule, la religion sappée dans ses fondemens par les attaques impies des novateurs, ouvrirent un champ vaste au torrent des innovations au milieu d'un peuple démoralisé par les fausses maximes de la doctrine du jour. La révolution prit naissance; elle ne dessilla pas les yeux de La Harpe.

On le vit professer dans ses écrits et dans ses leçons publiques, les principes destructeurs de 1793, qui n'étaient que la conséquence prévue des principes d'irréligion, d'immoralité et de désorganisation, avoués et prêchés, depuis un demi-siècle, par la secte voltairienne. Parmi les traits nombreux qui souillent cette époque fatale de la vie de La Harpe, nous n'en citerons qu'un. Il parut un jour au Lycée, (c'était vers la fin de 1792), ayant, comme à son ordinaire, le bonnet rouge sur la tête ; et, après s'être écrié : « *Ce bonnet pénètre et enflamme mon cerveau* », il déclama avec le ton du moment, un hymne à la liberté, dans lequel on remarque les vers suivans :

» *Le fer, amis, le fer ! il presse le carnage......*
» *Le fer !...... Il boit le sang, le sang nourrit la rage*
  » *Et la rage donne la mort.* »

Tel est le résultat du système des prétendus régénérateurs du monde. Voilà quelle est la fin de la doctrine si pompeusement enseignée par la secte voltairienne, par la secte soi-disant philosophique qui devait éclairer l'univers ; et c'est pourquoi, sans doute, les zélés exécuteurs des hautes œuvres de la doctrine nouvelle, s'avisèrent si à propos de mettre à la lanterne, ceux dont les yeux n'étaient pas frappés de la lumière philosophique...... Mais bientôt les nouveaux éclaireurs ne trouvèrent pas même leurs maîtres à la hauteur ; ils les y mirent. Les hommes, qui, par un usage funeste de leurs talens, avaient imprudemment ôté à la masse du peuple le frein de la morale religieuse, devinrent à leur tour les victimes des passions qu'ils avaient excitées. Tous ceux des prétendus philosophes qui existaient à cette époque désastreuse, portèrent leur tête sur les mêmes échafauds où la conséquence de leurs principes criminels avait entraîné tant d'innocentes victimes. La Harpe échappa cependant à cette proscription dirigée contre tout ce qui avait des talens ou de la fortune. La loi des suspects, si judicieusement inventée par le philosophe Merlin, sous le règne de Roberspierre, qui était un philosophe bien autrement expéditif que La Harpe, jeta celui-ci dans les prisons, d'où il ne serait sorti que pour aller à la mort, si le 9 thermidor, en suspendant le règne de la terreur, n'avait rendu le disciple de Voltaire à la vie et à la liberté. Mais le monde dans lequel il rentra ne vit plus en lui l'homme du philosophisme; le repentir en avait fait un chrétien, selon la prédiction de Cazotte. On raconte que la société, les entretiens et surtout l'exemple d'un pontife vénérable, supportant avec fermeté, mais sans ostentation, les humiliations d'une captivité qui lui était commune avec La Harpe, et marchant à la mort avec cette résignation d'un martyr, ce calme d'une âme pure que la religion seule peut donner, furent les moyens dont la Providence se servit pour faire connaître à l'*élève de Voltaire* le néant de la morale prétendue philosophique et la nécessité de la morale religieuse, qui est bien au-dessus même de la véritable philosophie, puisque celle-ci n'est que l'étude de la sagesse, tandis que la religion est la sagesse même. Autant La Harpe avait été malheureusement célèbre par les principes impies et anti-sociaux qu'il tenait de *son maître*, autant il le devint par l'éclat de sa conversion et les fruits heureux qu'elle produisit. Il saisit avec l'avidité d'un homme qui avait de grands torts à réparer, toutes les occasions de paraître aux yeux de tous le courageux confesseur de cette religion qu'il avait tant outragée et de ces principes politiques qu'il avait tant combattus. Plusieurs ouvrages très-orthodoxes, dans lesquels il ne craignit point d'attaquer avec force les erreurs, les crimes d'une faction implacable, et qui lui valurent l'honneur d'être condamné à la déportation sous le directoire et à l'exil sous le consulat, prouvèrent à ses contemporains et attesteront à la postérité, combien était sincère son retour aux vrais principes. La Harpe est mort à Paris, le 18 février 1803, âgé de 64 ans. On trouve à la fin de son testament, ces paroles remarquables : « *Je supplie la divine Pro-* » *vidence d'exaucer les vœux que je forme pour le bon-* » *heur de mon pays. Puisse ma patrie jouir long-* » *temps de la paix et de la tranquillité !* PUISSENT » LES SAINTES MAXIMES DE L'ÉVANGILE ÊTRE GÉ- » NÉRALEMENT SUIVIES POUR LE BONHEUR DE LA » SOCIÉTÉ ! » Sans être un Cazotte, je puis prédire, et ma prédiction est certaine, que les vœux de La Harpe seront exaucés, lorsque ceux qui, comme cet homme célèbre, ont eu le malheur de l'être trop à des époques fatales, seront amenés par un sincère repentir, ou par l'impuissance de nuire, à l'expiation de leurs erreurs ou de leurs crimes passés.

CHAMFORT (Sébastien-Roch-Nicolas), de l'Académie française, né en 1741, dans un village près de Clermont-d'Auvergne, l'un des plus séduisans propagateurs de la doctrine qui a préparé la révolution, mourut en 1794, quelques semaines après s'être inutilement tiré un coup de pistolet et s'être blessé à plusieurs reprises avec un rasoir. Il détesta la révolution qu'il avait désirée. Quelques jours avant sa mort, et lorsqu'on espérait qu'il pouvait encore vivre de longues années, un de ses amis le félicitant d'avoir échappé à ses propres coups : « *Ah! mon ami*, répondit Chamfort! *les horreurs que je vois, me donnent à tout moment envie de recommencer.* » Avis à certaines gens qui croient pouvoir jouer impunément avec les passions de la multitude et maîtriser à leur gré les écarts de la rébellion ! L'expérience du passé nous coûte assez cher ; qu'elle serve du moins à assurer le repos de l'avenir.

CONDORCET (MARIE-JEAN-ANTOINE-NICOLAS CARITAT, Marquis de), de l'Académie française, de l'Assemblée législative et de la Convention nationale, né à Ribemont, en Picardie, le 17 septembre 1743, vota dans la séance du 19 janvier 1793, contre son Souverain qu'il n'avait pas le droit de juger, la peine la plus forte après la mort, parce que, ajouta-t-il, d'un air outrageusement patelin, ses principes ne lui permettaient pas de voter la peine de mort. Les principes d'un régicide !!!........ Condorcet décrété d'accusation par ses propres complices, fut pris à Clamars, après avoir erré plusieurs nuits dans les bois. Exténué de faim et de fatigue, il fut jeté dans un cachot, où le lendemain, 29 mars 1794, ses gardiens le trouvèrent empoisonné avec le poison qu'une cruelle prévoyance le forçait de porter constamment sur lui depuis près d'un an. Une fin plus ou moins terrible est réservée à TOUS les régicides !........ Condorcet était l'élève de d'Alembert, qui fut le patriarche de la secte philosophique dont Voltaire était le chef.

VICQ-D'AZYR (FÉLIX), célèbre médecin, de

l'Académie française, né à Valogne, le 28 avril 1748. Les regrets amers causés par la perte de ses amis victimes de cette révolution qu'il avait si imprudemment désirée, contribuèrent à le conduire au tombeau. Après avoir été forcé d'assister à la fête de l'Être-Suprême, où il puisa le germe d'une fluxion de poitrine, il mourut à Paris, le 20 juin 1794, âgé de 46 ans. Dans l'ardeur de la fièvre qui l'emporta, il ne voyait que des échafauds, et ne parlait que du tribunal révolutionnaire.

NICOLAI (Aimar-Charles-Marie de), de l'Académie française, Premier Président à la Chambre des Comptes, né en 1747, fut guillotiné à Paris, le 7 juillet 1794. Son fils, âgé de 24 ans, subit le même sort, trois jours après.

BAILLY (Jean-Sylvain), de l'Académie française, né à Paris, le 15 septembre 1736. L'ambition et la vanité le jetèrent dans les affaires publiques. Premier député nommé par la commune de Paris aux Etats-Généraux pour le Tiers-Etat, il fut successivement Président de l'Assemblée nationale et Maire de Paris. Bailly présidait la fameuse séance du Jeu-de-Paume de Versailles, dans laquelle il porta le premier coup à l'autorité royale, quand il répondit au Grand-Maître des Cérémonies, envoyé par le Roi pour ordonner la séparation de l'assemblée : « *La Nation n'a point d'ordres à recevoir.* » C'est avec ces paroles séditieuses que la révolution commença, et que Bailly eut l'affreuse gloire d'en avoir donné le signal. Mais bientôt il se trouva trop timide pour la politique du jour. Les factieux l'avaient élu Maire, pour achever le renversement du trône. Bien loin de se prêter à des crimes qui répugnaient à la douceur de son caractère, Bailly fut indigné des outrages que l'on ne cessait de prodiguer à la Famille Royale. *Il voulut faire son devoir, réparer ses torts, mais il n'était plus temps.* La révolution qu'il avait solennellement provoquée, était devenue plus forte que lui. Obligé de donner sa démission de Maire de Paris, il voulut, mais en vain, se faire oublier. Bailly fut guillotiné au Champ de Mars, le 10 novembre 1793, après une agonie de quatre heures, pendant laquelle, exposé à une pluie continuelle, transi de froid, il eut à supporter les humiliations et les outrages prodigués par une populace féroce qui, deux ou trois ans auparavant, en avait fait son idole.

MALESHERBES (CHRÉTIEN—GUILLAUME DE LAMOIGNON DE), de l'Académie française, né à Paris, le 16 décembre 1721. Dans sa conduite privée et dans sa conduite publique, il se montra le partisan zélé des principes professés par le parti philosophique, avec lequel il était lié. Le procès de Louis XVI rendit Malesherbes à lui-même. Il fut l'un des défenseurs du vertueux Monarque. Rappelé à la religion par l'exemple du Roi-martyr, il était revenu aux saines doctrines, lorsqu'il fut guillotiné à Paris, le 2 avril 1794, avec sa fille et sa petite-fille.

ROUCHER (JEAN—ANTOINE), auteur du poëme des Mois, né à Montpellier, le 22 février 1745. Indigné des horreurs que la révolution enfantait chaque jour pour faire triompher le crime et pour opprimer la vertu, il montra du courage à réprimer ces horreurs, autant que la chose était en lui. Parmi un grand nombre des traits de sa vie qui font connaître la générosité de son caractère à cette époque fatale de nos crimes politiques, on doit rappeler, comme le plus beau monument de sa gloire, qu'il fut le provocateur de *la pétition des vingt mille parisiens*, dont le but était de désavouer les attentats dirigés contre la Famille Royale dans la journée du 20 juin 1792, et de proposer les moyens de prévenir le spectacle d'un pareil scandale à l'avenir. Roucher fut guillotiné à Paris, le 27 juillet 1794. Le jour de l'exécution, il envoya son portrait à sa femme et à sa fille, avec ces quatre vers qu'il est impossible de relire sans attendrissement:

» *Ne vous étonnez pas, objets sacrés et doux,*
» *Si quelque air de tristesse obscurcit mon visage ;*
» *Lorsqu'un savant crayon dessinait mon image,*
» *J'attendais l'échafaud......, et je pensais à vous.* »

MADAME LA DUCHESSE DE GRAMMONT, après avoir fait les délices des salons philosophiques, fut arrêtée comme suspecte, et guillotinée à Paris, en 1794.

RÉFLEXIONS GÉNÉRALES.

JE ne donnerai pas de notice sur les augustes victimes comprises dans la prédiction de Cazotte ; le sort de ces personnes royales est gravé dans le cœur des Français, en caractères ineffaçables, et c'est à des Français que je m'adresse. Je ne puis cependant résister à l'attrait de parler de cette Reine auguste, que la tombe même n'a pu faire respecter, et dont l'adversité découvrit le grand caractère et fit paraître avec éclat les nobles et touchantes vertus. Un écrivain célèbre me prêtera ses expressions éloquentes, que je me fais un devoir de transcrire ici religieusement. L'illustre auteur du *Génie du Christianisme* s'exprime ainsi, dans un discours prononcé à la Chambre des Pairs, le 22 février 1816, au sujet de la découverte du testament de la Reine, faite chez le régicide Courtois.

« Un mois juste s'est écoulé depuis le jour où vous fûtes appelés à Saint—Denis ; vous y entendîtes la lecture de l'évangile du jour, du testament de Louis XVI : voici un autre testament. C'est quatre heures avant de mourir, que Marie—Antoinette a écrit ce que vous venez d'entendre. Avez-vous remarqué dans cette lettre quelques traces de faiblesse ?..... Marie—Antoinette, du fond des cachots, écrit à Madame Elisabeth aussi tranquillement qu'elle l'eût fait au milieu des adorations et des pompes de Versailles. Le premier crime de la révolution fut la mort du Roi ; mais le crime le plus affreux fut la mort de la Reine. Le Roi du moins conserva quelque chose de la royauté jusque dans les fers, jusqu'à l'échafaud ; le tribunal de ses prétendus juges était nombreux...... Le fils de Saint-Louis eut un prêtre de sa religion pour aller à la mort, et il n'y fut pas traîné sur le char commun des victimes ; mais la fille des Césars, couverte de lambeaux, réduite à raccommoder elle-même ses vêtemens, outragée devant un tribunal infâme, par quelques assassins qui se disaient des juges, conduite sur un tombereau au supplice, et cependant toujours reine !...... Il faudrait, Messieurs, avoir le courage même de cette grande victime pour achever ce récit.

» Vingt-trois années sont révolues depuis que cette lettre a été écrite : ceux qui eurent la main dans les crimes de cette époque (du moins ceux qui n'ont point été rendre compte de leurs œuvres à Dieu), ont vécu dans ce qu'on appelle la prospérité ; ils cultivaient leurs champs en paix, comme si leurs mains étaient innocentes........

» Celui qui nous a conservé le testament de Marie-Antoinette avait acheté la terre de Montroisier : juge de Louis XVI, il avait élevé dans cette terre un monument à la mémoire du défenseur de Louis XVI; il avait écrit lui-même une épitaphe en vers français à la louange de M. de Malesherbes. N'admirons point ceci : pleurons plutôt sur la France. Cette épouvantable impartialité, qui ne produit ni remords ni expiations, le calme du crime qui juge équitablement la vertu, annoncent que tout est déplacé dans le monde moral; que le mal et le bien sont confondus. Mais, admirons la Providence, dont les regards ne se détournent jamais du coupable : il croit échapper à travers les révolutions; il parvient au bonheur, à la puissance...... Les générations passent, les années s'accumulent, les impressions s'effacent, tout semble oublié : la vengeance divine arrive tout à coup, se présente face à face devant le criminel, et lui dit, en l'arrêtant : me voici. En vain le testament de Louis XVI assure la grâce aux coupables : *un esprit de vertige les saisit;* ils déchirent eux-mêmes ce testament, *ils ne veulent plus être sauvés.* La voix du peuple se fait entendre par la voix de la Chambre des Députés; la sentence est prononcée; et, par un enchaînement de miracles, le premier résultat de cette sentence est de faire découvrir le testament de la Reine. »

Un esprit de vertige les saisit ! Cet esprit de vertige avait également saisi les prétendus philosophes de la prédiction de Cazotte. Comme leurs successeurs, ils ne voulurent pas être sauvés. Plein d'un zèle fanatique pour la doctrine voltairienne, ils ne surent point en connaître le danger. Sans doute, il fallait que ces messieurs eussent le cœur bien corrompu, ou l'esprit bien gâté, pour ne pas être indignés des opinions erronées, que leur chef et ses principaux complices avaient l'audace d'émettre. Ils devaient être bien aguerris pour ne pas frémir de ces deux vers de Diderot, rapportés dans la même prédiction, et qui renferment la révolution toute entière. Renverser l'autel et le trône, voilà toute la philosophie du dix-huitième siècle et toute la révolution.

Presque tous les ouvrages de Voltaire renferment des maximes, qui, plus ou moins déguisées, amènent directement ou indirectement à cet affreux résultat. C'était peu d'ôter à la nation ses mœurs et ses lois, Voltaire voulut encore lui enlever son honneur et l'avilir à ses propres yeux. Quel est le Français, je ne dis pas animé de l'amour de la Patrie ; mais seulement de l'amour-propre national qui en est le premier degré ; quel est le Français, à qui il reste quelques sentimens d'honneur, qui ne frémit point d'indignation à la lecture de cette correspondance insolente que Voltaire entretenait avec des étrangers, et dans laquelle ce digne chef d'une secte qui voulait tout dégrader pour tout innover à sa fantaisie, ravalait si impudemment la nation française aux pieds des autres nations ? C'est surtout dans un poëme infâme, tellement contraire aux bonnes mœurs, que l'auteur lui-même n'osait pas l'avouer; c'est dans un poëme qui insulte à la fois et de la manière la plus indécente à la morale, à la religion, à tous les principes reçus, que Voltaire a osé ravaler l'honneur national dans l'ordure de la diffamation la plus dégoûtante. L'héroïne d'Orléans, celle qui sauva la France prête à tomber sous le joug d'Edouard, Jeanne d'Arc que la France honore comme l'un de ses plus grands hommes, et du nom de laquelle la poésie n'aurait dû s'emparer, que pour célébrer toutes les vertus de l'honneur et de la fidélité, fut indignement outragée dans le siècle prétendu des lumières et de la raison, par celui qui s'en disait le propagateur et l'apôtre.

C'était en 1774 : l'abbé Sabatier, en écrivant sur Voltaire, après avoir rendu justice à son beau talent, parle ainsi de la morale que renferment ses ouvrages, et de l'effet qu'ils doivent produire : « *Les jeunes gens apprendront à son école à secouer le joug du devoir, à répéter des blasphèmes, à triompher de leurs déréglemens*.......... LES NATIONS A ABANDONNER LEURS PRINCIPES, LEURS LOIS, etc. » Il paraît que l'abbé Sabatier était aussi bon prophète que Cazotte.

Mais la secte voltairienne, en portant des coups redoublés aux bonnes mœurs, à la religion, à l'honneur national, agissait conséquemment avec son système, qui était d'élever un nouvel empire aux dépens de la morale, de la religion et de l'honneur. Elle existe encore cette secte, traînant le même système à sa suite. Dans ce moment où les partis sont en présence, parce qu'on veut absolument, sous le règne du Roi légitime, consacrer la révolution au lieu de l'arrêter, je vois aussi que les mêmes principes sont préconisés. Une édition des œuvres de Voltaire va paraître, composée des mêmes ouvrages qui sont une insulte à la morale, à la religion, à l'honneur national. Les mêmes moyens amènent aux mêmes résultats : la secte veut continuer la révolution.

Mais ce ne serait qu'en détruisant de nouveau la légimité que les disciples de Voltaire verraient couronner l'œuvre de leurs conceptions audacieuses. Or, la légitimité a repris son empire jusqu'à des temps qui sont bien loin de nous.... Mais les paroles du noble pair seraient—elles une prédiction ? « *En vain*, dit l'élo-
» quent orateur, *le testament de Louis XVI assure*
» *la grâce aux coupables*, UN ESPRIT DE VERTIGE
» LES SAISIT, *il déchirent eux-mêmes ce testament*,
» ILS NE VEULENT PLUS ÊTRE SAUVÉS....... » On m'accusera moi-même de vouloir me donner pour un nouveau prophète ; mais qu'importe, pourvu que ce que je vais prédire dans ce moment arrive un jour....... et ce jour n'est pas éloigné. Soyez en contemplation devant l'expérience du passé, devant l'étude du présent, et vous répéterez avec moi ces accens prophétiques..... La révolution s'agitera pour se faire écraser..... La vertu aura souffert pour triompher dans ce monde..... Les destinées de la France et quelques destinées particulières paraissent à mes yeux dans toute la clarté de la lumière : Je pourrais dire toute la vérité...... Je m'arrête ! Quand j'aurais le courage de parler, je n'en aurais pas la force...... Un point noir se forme sur l'horizon, l'orage grossit, il approche ; mais bientôt, il disparaît au souffle du vent contraire, qui ramène sur la terre les douceurs du printemps.

A MONTPELLIER,
Chez JEAN MARTEL LE JEUNE, Imprimeur
ordinaire du Roi.

www.ingramcontent.com/pod-product-compliance
Lightning Source LLC
Chambersburg PA
CBHW060635050426
42451CB00012B/2604